W0033823

Barbara Zoschke

Endlich Schulstart
Was für ein Tag!

Barbara Zoschke

Endlich Schulstart

Was für ein Tag!

EDEL
KIDS BOOKS

Endlich Schulstart
Was für ein Tag!
ISBN 978-3-96129-193-9

Edel Kids Books
Ein Verlag der Edel Verlagsgruppe
Copyright © Edel Germany GmbH,
Neumühlen 17, 22763 Hamburg
www.edel.com
1. Auflage 2021

Text: Barbara Zoschke
Illustration: Sabine Sauter
Umschlaggestaltung: Janina Michna
Projektkoordination: Rebecca Hirsch
Layout und Satz: Uhl + Massopust, Aalen
Herstellung: Frank Jansen
Druck und Bindung: optimal media GmbH, Röbel/Müritz

Alle Rechte vorbehalten. All rights reserved.
Das Werk darf – auch teilweise – nur mit Genehmigung
des Verlages wiedergegeben werden.

Printed in Germany

Inhalt

Katzenwäsche und Mäusefrühstück

Katta wälzt sich unruhig im Bett hin und her. Sie ist mindestens schon eine Stunde lang wach, weil die Vögel so laut zwitschern. Und weil sie schrecklich aufgeregt ist. Schließlich ist heute der große Tag! Sie kommt in die Schule.

Wenn sie daran denkt, fallen ihr viele Fragen ein: Ob ihr liebster Kindergartenfreund Aaron in dieselbe Klasse geht wie sie? Wer wird wohl neben ihr sitzen? Und: Ob die Lehrerin auch bestimmt nett ist, so wie Oma sagt?

Vor Aufregung hat Katta Flummis im Bauch. Sie atmet tief ein und lange aus. Sie wälzt sich im Bett herum, dann macht sie probeweise die Augen wieder zu.

Aber es nützt nichts. Sie kann einfach nicht länger liegen bleiben. Und schlafen schon gleich gar nicht.

Katta schlägt die Bettdecke zurück und steht auf. Solange es draußen dunkel ist, darf sie Mama und Papa nicht wecken.

Leise tapst sie auf nackten Füßen zum Lichtschalter und knipst das Licht an. Dann wird sie bis zum Frühstück eben ein Bild malen.

Katta klettert auf ihren Stuhl, der vor dem Schreibtisch steht, und lässt die Beine baumeln. Dann greift sie zu ihrem Glas mit den Buntstiften und beugt sich tief über ein großes

Blatt Papier. Eine Weile lang schaut sie aus dem Fenster und überlegt.

Plötzlich sitzt ein Junge auf der Fensterbank.

„Pito!", ruft Katta begeistert. „Hast du vielleicht eine Idee? Was könnte ich malen?"

Pito ist Kattas Freund in Gedanken. So nennt Mama ihn jedenfalls. Weil sie ihn nicht sehen und nicht hören kann und auch niemand anderem das gelingt. Nur Katta kann Pito sehen und mit ihm sprechen und mit ihm spielen. Eben weil er in ihren Gedanken wohnt. Darüber ist Katta sehr glücklich, vor allem weil Pito immer dann da ist, wenn sie sonst niemanden zum Reden und Spielen hat. Pito rutscht von der Fensterbank und setzt sich auf den Schreibtisch. „Mal doch ein Familien-Bild", schlägt er vor.

„Au ja", ruft Katta. „Das ist eine gute Idee, Pito."

Zuerst malt Katta ihre Mama. Man erkennt sie am blauen Rock und an den strubbeligen

schwarzen Haaren. Dann malt sie Papa. Er ist etwas größer als Mama und hat kurze blonde Haare.

Sich selbst malt Katta auch aufs Bild. Sie geht

zwischen ihren Eltern und trägt ihre Schultüte mit den Astronauten darauf unter dem Arm.

„Und an deinem Kopf soll ein langer roter Pferdeschwanz schwingen", schlägt Pito vor.

Katta nickt eifrig. Aber dann hat sie lange genug gemalt. Sie springt auf. Der Schreibtischstuhl rollt quer durchs Zimmer bis an die Zimmertür, die gerade geöffnet wird.

Mama wundert sich. „Bist du schon wach?"

„Ja", sagt Katta. „Ich habe ein Bild gemalt. Guck mal!" Sie zeigt zum Schreibtisch.

Mama betrachtet das Bild aufmerksam. „Du hast uns ja richtig gut getroffen."

Mit Mamas Hilfe und vielen Klebestreifen hängt Katta das Bild über ihr Bett.

„So, und jetzt kommt die Katzenwäsche für Schulkinder", verkündet Mama.

Katta lacht. „Wie geht die denn?"

„Na, genauso wie sonst auch, nur mit einem

neuen Waschlappen", sagt Mama. „Schau ihn dir mal an, er liegt auf dem Waschtisch."

Katta flitzt ins Badezimmer und stellt sich auf die blaue Fußbank vor dem Waschtisch. Da liegt ein dunkelroter Waschlappen und ein dazu passendes kleines Handtuch. Der weiche Frotteestoff ist mit ganz vielen Buchstaben

bedruckt. Katta öffnet den Wasserhahn und hält den neuen Waschlappen darunter. Als er nass ist, fährt sie sich mit kreisenden Bewegungen durchs Gesicht und miaut dabei. Wie man das bei einer Katzenwäsche eben so macht. Danach trocknet sie sich schnurrend mit dem neuen Handtuch ab und betrachtet sich zufrieden im Spiegel. Da kommt Mama herein. „Miau, miau", macht Katta. „Den neuen Waschlappen benutze ich ab jetzt immer. Er ist so schön weich." Dann fragt sie verschmitzt: „Aber wie putzen sich Schulkinder eigentlich die Zähne?"

Mama tut so, als müsste sie nachdenken. Dann öffnet sie den Spiegelschrank und holt eine Zahnbürste heraus. „Vielleicht mit einer neuen Zahnbürste?", fragt sie.

Katta staunt. „Auf der Zahnbürste sind ja ganz viele Zahlen."

„Kein Wunder", sagt Mama. „Das ist ja auch eine Schulkinderzahnbürste!"
Katta putzt sich die Zähne so besonders gründlich, dass Mama gar nicht nachputzen muss.

Katta hüpft von der Fußbank, zieht sich den Schlafanzug aus und legt ihn auf die Waschmaschine. Dann flitzt sie zurück in ihr Zimmer. Mama folgt ihr. Auf dem Bett liegt ein neuer gestreifter Pullover. Während Katta hineinsteigt, beginnt Mama, ihr die Haare zu kämmen und einen neuen Pferdeschwanz zu binden. Gerade als Mama fertig ist, hören sie den Schlüssel im Schloss. „Da kommt Papa mit den Brötchen", freut sich Mama.

Und Katta ergänzt: „Der kommt ja wie gerufen." Dann lachen beide, weil sie das jeden Morgen sagen.

Katta stürmt zur Tür und die Treppe hinunter. Sie nimmt ihrem Papa die Tüte aus dem Arm, während er sich die Schuhe von den Füßen streift. „Danke, mein liebes Kind", sagt Papa, „was würde ich nur ohne dich machen."

„Mein liebes *Schul*kind", verbessert Katta

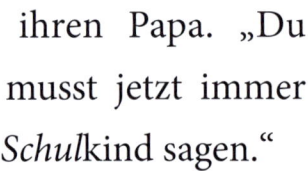

ihren Papa. „Du musst jetzt immer *Schul*kind sagen.“

Papa lacht und greift nach der Brötchen- tüte, die er Katta wie- der abnehmen möchte. Aber Katta hält sie fest. Heute will sie die Brötchen in den Korb legen. Da reißt das Papier der Tüte, und alle Brötchen kullern über den Boden im Flur. „Ups“, sagt Katta. Aber dann schimpft sie los: „Mensch, Pito! Du darfst doch nicht immer so ungeduldig sein. Ich denke, du willst mit in die Schule kommen. Wenn du dich dort so benimmst, wird sich die Lehrerin aber wun- dern.“

Papa hilft Katta die Brötchen aufzuheben. Zusammen tragen sie die Brötchen in die

Küche und legen sie in den Korb auf dem Tisch.

„Jetzt sei doch nicht so streng mit dem armen Pito", sagt Papa und fügt etwas leiser hinzu: „Er ist bestimmt sehr aufgeregt, weil er heute zum ersten Mal mit dir in die Schule geht, und da passieren schon einmal kleine Missgeschicke."

Katta nickt. „Na gut. Schwamm drüber, Pito."

In der Küche ist der Tisch noch ein bisschen hübscher gedeckt als sonst, denn in der Mitte steht eine Vase mit Wiesenblumen aus dem Garten, und der Orangensaft ist nicht wie sonst in der Flasche, sondern in einer schönen Glaskaraffe.

„Nach der Katzenwäsche kommt das Mäusefrühstück", sagt Katta und nagt an ihrem Brötchen wie eine Maus.

Auf einem Stuhl steht die Schultüte und daneben der neue orange Schulranzen. Kattas Herz hüpft. Hoffentlich sind in ihrer Schultüte leckere Süßigkeiten. Papa legt Katta eine Brötchenhälfte mit Marmelade auf den Teller. „Guten Appetit!", sagt er.

Katta beugt sich zu Papa hinüber. „Gummibärchen und Schokolade und Lakritzschnecken mag ich am liebsten. Meinst du, es sind welche in der Tüte drin?"

Papa lächelt. „Bestimmt."

Vor Freude reißt Katta die Arme so ungestüm hoch, dass sie mit der Hand unter den Teller gerät. Das Marmeladenbrötchen hüpft. Der Teller scheppert. Papa will ihn festhalten, dabei stößt er an Kattas Glas. Der Orangensaft schwappt heraus. Schnell drückt Papa seine Serviette in die Pfütze. „Ups", sagt er.

Als Mama in die Küche kommt, sind ihre Haare schön verstrubbelt, und sie trägt den blauen Rock genau wie auf Kattas Bild. Aber sie hat ihr T-Shirt falsch herum an. Man kann den bunten Schmetterling vorne drauf gar nicht sehen.

„Ich glaube, du musst noch mal in den Spiegel gucken", sagt Papa.

Mama stellt sich im Flur vor den großen Spiegel und kichert. „Ups, das ist mir ja noch nie passiert."

Papa seufzt: „Wir sind wohl heute früh alle ein bisschen aufgeregt."

Katta nickt. „Es ist ja auch ein besonderer Tag!"

Der beste Pate

Mama zeigt die Straße hinunter. „Schau, da vorne stehen die Schülerlotsen am Zebrastreifen. Sie helfen dir über die Straße."

Katta erschrickt. „Kommt ihr denn nicht mit in die Schule?"

„Doch, natürlich kommen wir mit in die Schule", beruhigt Papa sie. „Aber irgendwann wirst du allein gehen wollen."

Am Zebrastreifen warten schon andere Kinder mit ihren Eltern. Aaron kann Katta aber nicht entdecken. Katta schaut interessiert zu, wie die Schülerlotsen in ihren leuchtend gelben Westen zu zweit auf die Straße treten und die Fahrzeuge, die aus beiden Richtungen heranfahren, mit Handzeichen stoppen. Sogar Fahrräder müssen anhalten. Als alle stehen,

winken die Schülerlotsen die Fußgänger über die Straße.

Ein Mädchen auf einem Roller schiebt sich an ihnen vorbei auf den Weg. Hinter ihm kommen Kinder auf Fahrrädern, andere gehen zu Fuß, wie Katta, begleitet von den Eltern.

„Entschuldigung!", ruft jemand hinter ihnen. Katta und ihre Eltern springen zur Seite, und schon schießt ein ganz besonderes Gefährt an ihnen vorbei.

„Danke!", ruft der Fahrer über die Schulter hinweg. Seine braunen Haare flattern lustig im Wind.

„Das ist ja ein tolles Fahrrad", findet Mama.

„Sieht fast aus wie eine Seifenkiste", staunt Katta.

„Nein, das ist ein Handbike", weiß Papa. „Man bewegt die Pedale mit den Händen."

„Warum das denn?", fragt Katta.

„Vielleicht, weil die Arme des Jungen kräftiger sind als seine Beine?", vermutet Papa.

Der Junge stoppt sein Handbike, schaut sich um und lächelt freundlich. Katta winkt ihm zu.

„Später fahren wir aber mal endlich um die Wette, Simon", bittet ein Junge und hält Simon seine erhobene Hand entgegen.

Simon klatscht ihn ab. „O.k., aber nicht sauer werden, wenn du wieder verlierst", sagt er. Dabei zwinkert er Katta zu.

Katta strahlt. Simon ist sehr nett, findet sie.

Wenig später sind sie schon an der Schule angekommen. Als Katta mit ihren Eltern auf den Schulhof tritt, sieht sie Simon gleich wieder. Er sitzt in seinem Handbike am Fahrradständer, umringt von anderen Kindern. Sie montieren das Vorderrad, das Lenkrad und die Pedale ab. Jetzt sitzt Simon in einem ganz normalen Rollstuhl.

Katta staunt. „Ist das ein Zauberfahrrad?" Neugierig macht sie einige Schritte auf Simon zu, weil sie den Rollstuhl aus der Nähe betrachten will. Außerdem möchte sie wissen, in welche Klasse er geht. Aber da ertönt eine Stimme über Lautsprecher: „Wir heißen unsere Erstklässler sehr herzlich willkommen und bitten sie und ihre Eltern, sich auf dem Schulhof vor der Eingangstreppe zu versammeln."

Papa nimmt Katta an die Hand und führt sie vor die Treppe. Sie ist sehr breit und tief und sieht aus wie eine Bühne. Vor der Bühne sind

Stuhlreihen aufgestellt. Die vorderen sind schon besetzt. Katta und ihre Eltern schieben sich in eine Reihe mit freien Sitzplätzen und schauen gespannt nach vorne. Sehr viele Kinder rutschen aufgeregt auf ihren Sitzplätzen herum, schauen hierhin und dorthin. So wie Katta. Ob sie wohl ein bekanntes Gesicht entdeckt? Sie möchte so gern mit einem Kind zusammen in die Klasse kommen, das sie schon kennt. „Da ist Aaron", ruft Katta. Sie beginnt zu winken. Aaron winkt strahlend zurück.

Die Stimme aus dem Lautsprecher gehört der Schulleiterin. Sie heißt Sabine Hummel, und sie sieht auch ein bisschen so aus – wie eine Hummel. Sie hat blonde Haare und trägt ein langes gelbes T-Shirt über schwarzen Leggins. „Jeder Erstklässler bekommt einen Paten zugeteilt", sagt Frau Hummel.

„Was sind Paten?", will Katta wissen.

„Die Paten bringen die Kinder in ihre Klassen und zeigen ihnen die Schule", sagt Mama. „Sie helfen ihnen, wenn sie in der Pause eine Frage haben, und werden vielleicht ihre Freunde."

Vor der Bühne versammeln sich jede Menge große Kinder. Bestimmt gehen sie schon in die dritte oder vierte Klasse. Frau Hummel beginnt, die Namen der Erstklässler aufzuru-

fen, die zu ihr nach vorne kommen sollen. Auf jedes neue Schulkind, das zur Bühne geht, tritt eins der älteren Kinder zu, schüttelt ihm die Hand und geht mit ihm die Treppe hinauf. So muss niemand alleine ins Schulgebäude gehen.

In Kattas Bauch fangen die Flummis wieder an, verrückt zu spielen. „Muss ich auch gleich nach vorne gehen?", fragt sie ihren Papa.

Papa nickt.

„Aber ich will keinen Paten haben, ich will eine Lehrerin bekommen", murrt Katta.

„Die bekommst du doch auch", beruhigt Mama sie.

Mama und Papa schauen Katta ermutigend an. „Wir warten hier auf dich. Und deine Schultüte auch."

Da ruft Frau Hummel Kattas Namen.

Papa legt Katta eine Hand auf den Rücken und schiebt sie sanft nach vorn. Kattas Knie fühlen sich plötzlich ganz weich an. So als könnten sie jeden Augenblick einknicken. Und die Flummis springen so wild durcheinander, dass sie gar nicht mehr richtig atmen kann. Als sie fast bei Frau Hummel angekommen ist, die ihr freundlich entgegenblickt, löst sich ein Kind aus der Paten-Gruppe und kommt auf Katta zu.

„Simon!", strahlt Katta.

„Alles klar, Katta?", fragt Simon. Er hält ihr die erhobene Handfläche entgegen. Und weil Katta auf dem Schulweg gesehen hat, was das bedeutet, schlägt sie ein.

Simon zeigt zum Schuleingang. „Deine Klasse ist da hinten. Du kannst mich anschieben."

Katta ist begeistert. „Au ja!" Sie legt die Hände

auf die Griffe des Rollstuhls und schiebt, während Simon an den Rädern des Rollstuhls dreht. Sie schaut stolz umher. Bestimmt hat sie den tollsten Paten der ganzen Schule.

„Die Klassen der Erstis sind alle auf dem Flur hinter der Glastür, gegenüber vom Aufzug", erklärt Simon.

Katta versteht: Erstis heißen so, weil sie in die erste Klasse gehen. Sie ist also auch ein Ersti.

„Und du?", fragt sie. „Bist du ein Zweiti, ein Dritti oder ein Vierti?"

„Haha", sagt Simon. „Du bist ja witzig." Er schaut nach hinten und lacht übers ganze Gesicht. „Ich bin in der dritten Klasse, genauer gesagt: in der Fledermausklasse."

Katta kichert. „Hängt ihr da in der Pause alle mit den Füßen an der Decke?"

Simon lacht auch. „Genau." Vor ihnen liegt jetzt ein langer Flur. Die Wände sind gelb gestrichen. Es gibt viele weiße Türen. Neben jeder Tür sind Leisten mit Kleiderhaken angebracht. Die Haken hängen viel höher als in Kattas altem Kindergarten. Simon zeigt auf die Tür, an der sie gerade vorbeikommen. Darauf ist ein Eichhörnchenbild befestigt. „Und in der Eichhörnchenklasse", sagt er, „haben alle Kinder sehr weiches Fell und futtern den ganzen Tag über Nüsse."

Auf der nächsten Tür entdeckt Katta das Bild eines Dinos. „In der Dinoklasse sind bestimmt alle ganz, ganz alt und …"

Simon fällt ihr ins Wort. „Und in deiner Klasse schweben alle über dem Boden und sind unsichtbar."

Katta staunt. „Warum das denn?", fragt sie.

„Na, weil du in die Gespensterklasse kommst."

Katta schluckt. „Was? Aber …"

Da tritt eine junge Frau mit wippendem Pferdeschwanz aus der letzten Tür des Ganges in den Flur. Sie streckt Katta eine Hand entgegen. „Du musst Katta sein, stimmt's?"

Katta nickt.

„Ich bin deine Lehrerin. Ich heiße Brigitta Süß." Sie macht ein paar Schritte in den Klassenraum hinein und streckt die Hand nach Katta aus. „Kommst du?"

Katta schüttelt den Kopf. „Ich finde Gespens-

ter gruselig", sagt sie zögernd.

Die Lehrerin macht ein erstauntes Gesicht.

„Wirklich?" Sie guckt in die Klasse. „Die Gespenster sehen alle lieb und ganz freundlich aus. Schau."

Katta wagt sich ein Stück vor und guckt vorsichtig um die Ecke. An einigen Tischen sitzen Kinder und malen. „Du kannst dir einen Platz aussuchen und ein Bild malen. Papier und Stifte liegen auf dem Tisch", schlägt die Lehrerin vor. „Magst du damit anfangen?"

Katta schaut unsicher zu Simon. Der nickt ihr aufmunternd zu. „Das kannst du doch bestimmt gut!"

Katta denkt an das Bild über ihrem Bett. Sie kann wirklich gut malen. Und sie tut es auch sehr gern. „Stimmt", sagt sie.

Simon zwinkert ihr noch einmal zu und rollt davon.

„Ach, und da kommt ja schon das nächste Gespenst." Frau Süß schaut den Flur hinunter.

Katta dreht sich um. „Aaron!", ruft sie. „Bist du auch in der Gespensterklasse?"

Aaron nickt, breitet die Arme aus und macht „Uuuuuaah! Ich bin ein Schul-Gespenst."

Katta kichert. „Uuuuaaaah, ich bin auch ein Schul-Gespenst", antwortet sie. Und möchte platzen vor Glück.

Bilder über Bilder

Endlich haben alle ihr Bild fertig gemalt. Jedes Kind hält seines hoch, sagt seinen Namen und erzählt, was auf dem Bild zu sehen ist. Das ist lustig. Es gibt Bilder von Tieren und Hunden und Pferden, Bilder von Häusern und Familien, Bilder von Urlaubsstränden und Bergen. Zum Schluss hält die Lehrerin ein Bild in die Höhe. „Schaut, ich habe auch ein Bild gemalt." Nick und Mo stehen auf und laufen nach vorn. „Wo? Was?", sagt Nick. „Zeig mal."

Frau Süß lacht. „Setzt euch bitte wieder auf eure Plätze“, sagt sie freundlich, aber sehr bestimmt. „Das Bild wird gleich dort oben für alle gut sichtbar sein.“ Sie zeigt über sich auf eine leere Tafel.

„Wir gucken einen Film!“, freut sich Nick.

Nick läuft zurück auf seinen Platz, aber Mo bleibt vor dem Lehrerpult stehen. Er ist erst vor wenigen Wochen mit seinen Eltern aus einem anderen Land hergezogen und spricht noch nicht so gut Deutsch. Er kennt zwar schon viele Wörter, aber man muss langsam mit ihm sprechen. Bestimmt hat er nicht verstanden, was Frau Süß gesagt hat. Frau Süß begleitet Mo zurück auf seinen Platz und erklärt: „Gespensterkinder bleiben im Unterricht auf ihren Stühlen sitzen.“

Dann geht sie zurück zum Pult, drückt auf eine Taste ihres Computers und zeigt wieder

nach oben: „Das ist unser Stundenplan. Die Bilder darauf zeigen, welche Schulfächer wir haben. Außerdem stehen da die Wochentage und die Uhrzeiten für die verschiedenen Fächer."

Die Gespensterkinder machen Ah! und Oh! und Häh?.

Katta klatscht in die Hände, weil sie sich freut: „Ein paar von den Zeichen kenne ich. Das sind Noten."

„Sehr gut", lobt die Lehrerin. „Weißt du auch, wie das Schulfach heißt, für das die Noten stehen?"

Katta zuckt mit den Schultern.

„Musik!", sagt Lies. „Ich weiß das, weil meine Mama ganz toll nach Noten singen kann!"

Die Lehrerin lächelt. „Wie schön. Was singt sie denn zum Beispiel?"

„Ach, alles Mögliche", sagt Lies, „für mich singt sie immer mein Lieblingslied." Lies beginnt zu singen:

„Es war eine Mutter, die hatte vier Kinder: den Frühling, den Sommer, den Herbst und den Winter.

Der Frühling bringt Blumen, der Sommer den Klee.

Im Herbst fallen die Blätter, im Winter der Schnee."

Frau Süß klatscht begeistert in die Hände. Die Gespensterkinder klatschen mit. „Du kannst auch sehr schön singen. Prima!", lobt die Lehrerin. Und dann singen sie alle zusammen.

Danach erklärt Frau Süß alle anderen Fächer. Im Fach Deutsch lernen die Gespenster lesen und schreiben. In Mathematik wird gerechnet, in Kunst gemalt, und in Sachkunde sprechen die Gespenster über Pflanzen und Tiere.

„Und was ist das für eine Flagge?", fragt Ronja.

„Die Flagge vom Vereinigten Königreich, also von England, Schottland, Wales und Nordirland", ruft ein Junge in die Klasse.

Die Lehrerin nickt anerkennend. „Toll, Tim. Du weißt ja gut Bescheid! Die Flagge steht für

jedem Kind einen Stundenplan.
Dazu legt sie einen Bogen mit
bunten Stickern.

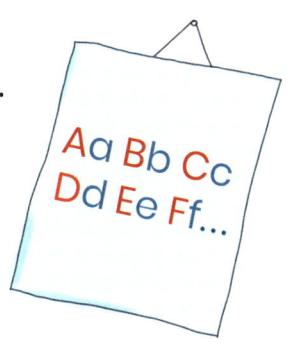

„Bitte klebt die Sticker so auf
den Stundenplan, wie ihr es
an der Tafel sehen könnt. So wisst ihr immer,
welche Fächer an welchem Tag drankommen
und was ihr alles in euren Schulranzen packen
müsst."

Katta streicht mit der flachen Hand über die
hübschen kleinen Bilder auf dem Sticker-
bogen. Wie aufregend sie das alles findet. Alles
ist neu. Und alles wird toll, da ist sie ganz
sicher. Weil Frau Süß nämlich eine supernette
Lehrerin ist, die alles so erklärt, dass sie es ver-
stehen kann. Und weil Aaron mit an ihrem
Tisch sitzt.

„Und dann bekommt ihr noch ein zweites
Bild. Das dürft ihr euch leise anschauen, jeder

für sich. Darauf sind einige Klassenregeln zu sehen. Schaut mal, ob ihr sie schon kennt. Wenn nicht, ist das gar nicht schlimm. Wir reden morgen darüber."

Wieder geht die Lehrerin durch die Reihen und legt jedem Kind vier Karten auf den Tisch. Sie sind kleiner als der Stundenplan, und das Papier ist fester. Katta nimmt sie in die Hand. Sie fühlen sich an wie Pappe. Auf den Karten ist viel zu sehen:

Auf Bild eins sitzt ein Gespenst auf einem Stuhl und streckt eine Hand nach oben. Und Katta weiß sofort, was das bedeutet: Gespenster melden sich leise, wenn sie etwas sagen möchten.

Auf Bild zwei schwebt ein Gespenst zum Mülleimer und wirft einen angebissenen Apfel

hinein. Das bedeutet bestimmt: Gespenster werfen keinen Müll auf den Boden.

Auf Bild drei sind zwei Gespenster zu sehen, die Boxhandschuhe tragen und sich boxen. Sie sind mit einem dicken roten Filzstrich durchgestrichen. Katta kichert. Und ist erleichtert, denn sie weiß, was das bedeutet: Wir schlagen uns nicht gegenseitig! Gott sei Dank, denkt Katta, denn sie mag es gar nicht, wenn Kinder sich hauen.

Auf Bild vier hat ein Gespenst eine dicke Beule am Kopf. Darüber sind Buchstaben gemalt. Das andere Gespenst schwebt heran. Es sieht sehr freundlich aus.

„Hm", macht Katta leise. Was soll denn das bedeuten? Sie legt die Karten zum Stundenplan. Ich warte bis morgen, denkt sie. Dann erklärt Frau Süß die Regeln. Oder ich frage einfach gleich Mama und Papa. Als es klingelt, dürfen alle Kinder nach draußen auf den Schulhof. Für heute ist der Unterricht zu Ende.

Seifenblasenglück

Draußen wimmelt es von Menschen. Sie stehen in Grüppchen zusammen und unterhalten sich oder gehen umher, um den Schulhof zu erkunden. Dort gibt es viel zu sehen: eine Kletterspinne, einen Sandkasten, ein Fußballfeld, ein Stein-Labyrinth und ganz hinten der Eingang zum Schulgarten.

Vor den Pavillons ist ein langes Buffet aufgebaut, an dem es Getränke und Kuchen gibt. Auch hier herrscht großer Andrang. „Hoffentlich habe ich Seifenblasen in meiner Schultüte", hofft Aaron. „Seifenblasen bringen nämlich Glück, wenn man sie berührt."

„Und hoffentlich habe ich Lakritzschnecken in meiner", sagt Katta. „Lakritzschnecken bringen nämlich Glück, wenn man sie isst."

Katta und Aaron halten vom Treppenabsatz aus, der eben noch die Bühne war, Ausschau nach den Eltern. Sie rufen gleichzeitig: „Da!", und laufen zusammen die Stufen hinunter. Kattas Papa, der seiner Tochter entgegenblickt, geht in die Hocke und breitet die Arme aus. Sie fällt ihm um den Hals und lässt sich herumwirbeln. „Herzlichen Glückwunsch, meine Große. Jetzt bist du ein Schulkind!"

Mama streichelt Katta über den Kopf, küsst sie auf die Wange und gratuliert auch: „Herzlichen Glückwunsch, Kattatinka. Wie war dein erster Schultag?"

„Ich sitze neben Aaron", strahlt Katta. „Und wir haben gemalt, und dann haben wir gesungen, und dann haben wir Karten bekommen mit Gespensterregeln. Und einen Stundenplan habe ich auch bekommen."

„Toll", sagt Papa. „Wir haben auch etwas bekommen: einen Zettel, auf dem steht, was wir alles besorgen sollen. Ganz viele Hefte brauchst du, und Stifte und einen Zeichenblock. Das packen wir dann heute Abend gemeinsam in deinen Schulranzen, ja?"

Mama hebt Katta die Schultüte vors Gesicht. „Magst du mal in deine Tüte schauen? Vielleicht ist da schon etwas von den Dingen drin, die du brauchst."

„Kommt, wir setzen uns dort auf die Bank",
schlägt Papa vor.

Vorsichtig zieht Katta an der Schleife, mit der
die Tüte zugebunden ist. Ganz oben liegt eine
Papiertüte mit Lakritzschnecken. „Oh wie
lecker. Darf ich eine? Bitte!", fragt sie. Die
Eltern nicken. Katta zieht eine Schnecke aus-
einander. Dann schiebt sie ein

Ende zwischen die Lippen
und wickelt die schwarze
Schnur mit der Zunge
auf, bis sie ganz in ihrem
Mund verschwunden
ist. Sie spürt, wie
sich das Glück
zuckrig süß auf
ihrer Zunge ver-
teilt. Dann greift

sie erneut in die Tüte. „Ein Turnbeutel!", freut sie sich. „Und…" Gerade will sie wieder in die Tüte greifen, da kommt Simon auf sie zu. „Hey, da bist du ja", ruft er schon von Weitem.

Katta legt Mama den Turnbeutel auf den Schoß und läuft zu Simon. „Soll ich euch jetzt die Schule zeigen?", fragt er.

Katta schaut zu ihren Eltern. „Sehr gerne", sagen sie. „Wir sind gespannt!"

Simon lenkt seinen Rollstuhl geschickt durch die Menschenmenge, an dem kleinen Fußballplatz vorbei bis zum Schulgarten. Er zeigt auf ein Hochbeet. „Ich helfe in der Garten-AG immer, das Unkraut zu jäten."

„Was ist das?", fragt Katta.

„Eine AG ist eine Arbeitsgemeinschaft. In der Garten-AG treffen wir uns nach dem Unterricht und kümmern uns um die Beete. Es gibt aber auch die Yoga-AG und die Zirkus-AG … Da kannst du auch mitmachen, wenn du willst, Katta." Dann zeigt er auf ein flaches Gebäude mit einer großen grünen Tür. „Das ist die Turnhalle."

„Die kenne ich schon, weil ich im Turnverein bin", sagt Katta. „Am liebsten mag ich die Sprossenwand und das Trampolin."

„Und den Musikraum? Kennst du den auch schon?", fragt Simon.

Katta schüttelt den Kopf.

„Dann schieb mich mal da rauf", bittet Simon. Nacheinander zeigt Simon seinem Schulpatenkind und den Eltern alle wichtigen Räume der Schule. Den Musikraum mit einer kleinen Bühne, einem Klavier und vielen Rasseln, Tambourins und Triangeln in einem Schrank. Die gemütliche Bücherei mit Holzregalen

voller Bücher, Zeitschriften, CDs und Spielen. Sogar zwei Computer stehen in der Bücherei, und in den Ecken liegen weiche Sitzkissen.

„Hier darf man nicht mit Schuhen rein", sagt Simon.

„Und man muss leise sein", sagt Katta. Diese Regel kennt sie schon aus der großen Bücherei, in der sie mit Papa oft Bücher und CDs ausleiht.

Um die Ecke ist die Mensa. An orangefarbenen Tischen können immer sechs Kinder sitzen. „Man holt sich das Essen dort vorne ab", erklärt Simon und zeigt zu einem Tresen. „Und dann kann man sich mit seiner Gruppe hinsetzen, wohin man will."

Sie verlassen die Mensa durch eine große Glastür und stehen im Innenhof der Schule. Simon zeigt zu einer roten Tür auf der gegenüberliegenden Hofseite. „Wenn du mal etwas verlierst oder in der Schule vergessen hast, eine Jacke oder deinen Turnbeutel, dann musst du den Hausmeister fragen, ob er es vielleicht gefunden hat."

„Und der wohnt da?", fragt Katta.

Simon schüttelt den Kopf. „Nein, er hat dort sein Büro. Er heißt Herr Karottke und ist sehr nett."

Da klingelt es.

„Vielen Dank, lieber Simon", sagt Kattas Vater und reicht Simon die Hand.

„Wir müssen jetzt nach Hause zum Pfannkuchenessen."

„Und ich muss zurück in die Klasse", sagt Simon. Er winkt. „Bis morgen, Katta!"

„Bis morgen, Simon!", ruft Katta. Sie greift nach Papas Hand. „Gehen wir jetzt schon nach Hause? Ich will noch nicht!"

Mama lacht. „Wir können ja schlendern, dann dauert es länger", schlägt sie vor.

1. Schultag

Am Schultor ist ein Podest aufgebaut, auf dem eine kleine Tafel steht. Bunte Buchstaben und Zahlen balancieren über die Linien. „Guck mal", sagt Papa. „Dort kann man ein Foto machen lassen." In einer Schlange warten Kinder mit ihren Eltern darauf, dass sie drankommen.

„Können wir auch ein Foto machen lassen?", fragt Katta.

Die Eltern willigen ein. Und Katta muss gar nicht lange warten, bis der Fotograf sie zu sich ruft. Mit klopfendem Herzen klettert sie mitsamt der Schultüte aufs Podest. Sie lächelt in die Kamera.

„Sehr schön", sagt der Fotograf. „Jetzt schau mal zu mir."

Katta schaut nach vorn und sieht, wie Aaron, der mit seiner Mutter auch in der Schlange der Wartenden steht, große Seifenblasen in die Luft bläst. Sie lacht.

„Ja, gut so", lobt der Fotograf.

Da tanzt eine besonders große Seifenblase hoch über Kattas Kopf durch die Luft. Sie glitzert in allen Regenbogenfarben. „Ui", macht Katta und hebt ihre Schultüte nach oben. Sie stellt sich auf die Zehenspitzen und streckt die Tüte der Blase entgegen. Vielleicht kann sie die Seifenblase ja mit dem Krepppapierkragen berühren. Aaron hat gesagt, das bringt Glück.

Der Fotograf lacht. „Super. Das wird bestimmt ein tolles Foto." Er wendet sich an Kattas Mutter. „Sie können es dort bei meiner Kollegin gleich abholen." Dann ruft er. „Der Nächste, bitte!"

Katta schaut der Seifenblase hinterher, als sie das Podest verlässt. Sie kann sich erst von ihrem Anblick losrei- ßen, als Mama sie antippt und ihr das Foto zeigt. „Du hältst deine Tüte ja so stolz in die Luft wie eine Fußballe- rin ihren Pokal!", findet sie.

Papa entdeckt einen regenbogenbunten Kreis auf dem Bild. „Schau mal, Katta, es sieht aus, als ob die Seifenblase auf deiner Schultüte landet."

Katta jubelt: „Dann habe ich sie ja wirklich berührt! Yippie! Was für ein Glück!"

Wali hat Hunger

Nach dem zweiten Schultag hat Katta zum ersten Mal Hausaufgaben auf. Nach der Schule setzt sie sich gleich an ihren Schreibtisch und beginnt damit, auf einem Blatt die vorgezeichneten Schwünge nachzuziehen. Es ist ganz schön schwer, mit der Bleistiftspitze genau auf der Linie zu bleiben. Am Anfang schafft sie eine halbe Zeile, ohne abzusetzen, dann rutscht der Bleistift zwischen ihren Fingern weg, weil die Hand wehtut. Sie muss die Hand

ausschütteln, bevor sie mit dem Stift weiter-
schwingen kann. Aber schon in der vierten
Zeile kommt Katta mit den Schwüngen in
einer fließenden Bewegung bis zum Ende.
„Voll einfach", findet sie. Und rutscht prompt
wieder ab. Glücklicherweise radiert das blaue
Radiergummi aus der Schultüte sehr gut. Sie

malt die letzten zwei Bögen neu, dann schwingt sie noch eine Zeile, schon ist sie fertig. Zufrieden schaut sie auf das Ergebnis. Die Schwünge sehen aus wie Wellen, findet sie.

„Schade, dass ich schon fertig bin", findet Katta.

„Finde ich auch", entgegnet Pito.

Katta lacht. Sie hat gar nicht bemerkt, wie und wann Pito, ihr Freund in Gedanken, zu ihr ins Zimmer gekommen ist. Aber das ist eigentlich nichts Besonderes. Pito ist nämlich immer einfach irgendwann da.

„Du könntest ja weiterschreiben", schlägt er vor.

„Wie denn?", fragt Katta. „Das Blatt ist doch schon voll."

„Wenn deine Mama einen Brief schreibt, macht sie manchmal Punkte auf die Buchstaben. Oder daneben", weiß Pito.

Katta tupft die Bleistiftspitze aufs Papier. „So?"

Pito nickt: „Ja, genau so, nur noch mehr."

Katta tupft weiter. Sie macht Punkte auf die Bögen und unter die Bögen. Manche setzt sie ans Ende der Zeile, manche an den Anfang. „Nur, dass sie alle so grau sind, das gefällt mir nicht", sagt sie. „Das sieht ja aus wie Regen." Sie wechselt den Bleistift gegen den lustigen Kugelschreiber mit den bunten Minen aus,

der in ihrer Schultüte war. Um einzelne graue Punkte malt sie farbige Kreise herum. Einer ist blau, ein anderer ist grün, der nächste wird rot und der letzte schließlich schwarz.

Pito zeigt auf den Punkt mit schwarzem Kreis, der mitten unter einem der hohen runden Bögen sitzt. „Das sieht aus wie ein Auge."

„Ja", ruft Katta begeistert. „Wie das Auge von einem Wal." Damit man das Auge gut erkennen kann, malt sie noch Wimpern daran. Außerdem braucht der Walfisch natürlich einen Bauch und einen Mund. Und an der höchsten Stelle auf seinem Rücken schießt Wasser in einer Fontäne aus vielen blauen Strichen in die Höhe.

„Die anderen Punkte sind kleine Fische", sagt Katta, „das sind alles Freunde von Wali."

„Dann musst du ihnen aber Flossen malen", findet Pito.

„Und die Bögen, das sind die Wellen im Meer", sagt Katta, als die Flossen fertig sind. Als Mama ins Zimmer kommt, will sie wissen: „Wie klappt es mit den Hausaufgaben?" Katta zeigt ihr stolz das Arbeitsblatt. „Sehr gut. Wir haben Schreibübungen aufbekom-

men. Eigentlich sollte ich nur Schwünge machen, aber ich habe eine richtige Geschichte geschrieben."

„Wirklich?", fragt Mama. „Geht es darin um ein leckeres Abendbrot? Ich habe nämlich Hunger."

Katta schüttelt den Kopf. „Nein, es geht um einen Wal. Er heißt Wali. Und Wali hat ganz viele Freunde, das sind die ganzen kleinen bunten Fische hier, siehst du?"

Mama beugt sich über das Arbeitsheft. Sie betrachtet Wali sehr genau. „Ich glaube, der Wal hat auch Hunger."

Katta nickt. „Und die kleinen bunten Fische auch. Deshalb schwimmen sie alle vor Wali her. Er soll ihnen helfen, das Fressen zu finden, das sie mögen."

„Was mögen sie denn?", fragt Mama.

Katta überlegt. „Krebse und Muscheln. Das ist

das Lieblingsessen der kleinen Fische und auch von Wali. Aber sie finden einfach keine. Und deshalb schwimmen sie immer weiter und weiter, und plötzlich wissen sie nicht mehr, wo sie sind und…" Katta überlegt. Sie weiß nicht, wie die Geschichte weitergeht.

„… und da ist der erste Teil der Geschichte zu Ende", schlägt Mama vor. „Bei der nächsten Schreibaufgabe geht es weiter."

„Genau!", sagt Katta.

„Ich habe uns übrigens leckere Butterbrote gemacht", sagt Mama, „kommst du mit in die Küche?"

Die Klasse der Experten

Am nächsten Morgen kann Katta es kaum erwarten, ihrer Lehrerin das schöne Blatt mit der Geschichte von Wali zu zeigen.

Bestimmt wird Frau Süß sie wieder loben. Und tatsächlich. Frau Süß sagt: „Du hast dir ja besonders viel Mühe gegeben, Katta." Dann setzt sie einen lachenden Smiley in roter Stempelfarbe unter die Hausaufgabe und sagt: „Das bedeutet: sehr gut gemacht!"

Katta freut sich. „Das ist die Geschichte von Wali, aber sie ist noch nicht fertig."

„Aha", sagt Frau Süß. „Ich freue mich, dass du so viel Fantasie hast. Was passiert denn in der Geschichte? Möchtest du uns das gleich im Stuhlkreis erzählen?"

Katta ist begeistert. „Au ja!"

Frau Süß erklärt: „Ich schau jetzt die Hausaufgaben der anderen Kinder an. Bearbeite bitte solange die nächste Seite in deinem Arbeitsheft."

Katta schlägt die Seite um und betrachtet die nächste Aufgabe, die auch wieder in Bildern dargestellt ist. Während sie ihren Bleistift anspitzt, schaut Frau Süß auf die Hausaufgabe von Aaron, der neben Katta sitzt.

Katta stutzt.

Die betreffende Seite in Aarons Arbeitsheft ist ganz zerknittert. Der graue Bleistiftstrich verläuft mal unter, mal über der Linie, nur sehr selten genau darauf, und oft ist er verschmiert. An manchen Stellen ist das Papier vom vielen Radieren aufgeraut oder sogar kaputtgegangen.

„Ich finde es ganz toll, dass du die Seite bis zum letzten Schwung geschafft hast", sagt

Frau Süß. „Obwohl es dir bestimmt schwergefallen ist, oder?"

Aaron zuckt mit den Schultern.

Die Lehrerin drückt einen Daumen-hoch-Stempel unter Aarons Hausaufgabe. „Das bedeutet: Übe fleißig weiter. Willst du das tun?"

Wieder zuckt Aaron mit den Schultern. Frau Süß geht weiter durch die Reihen und schaut sich die Hefte an.

„Schreiben ist doof", mault Aaron. Er schaut Katta verschwörerisch an. „Davon tut einem die Hand so weh." Katta weiß nicht, was sie dazu sagen soll. Ihr hat die Hand gestern auch ein wenig wehgetan, aber das war nicht schlimm. Sie findet es eigentlich schön, mit den Stiften zu arbeiten, und sie freut sich schon darauf, dass sie es heute wieder tun darf. Katta findet Schreiben kein bisschen doof. Im Gegenteil.

„Schreiben kann ich nicht so gut", sagt Aaron. „Aber dafür kann ich schon lesen."

„Ehrlich?", fragt Katta.

Aaron nickt. „Und ich kann Zahlen schreiben. Auch die ganz langen."

Als Katta mit der Schwungübung fertig ist, schiebt Aaron sein Arbeitsheft zu ihr hinüber. Der Junge hat einige Zahlen, die er kennt, auf die Seite gemalt, und zwar in das Bild mit dem blauen Fluss, an dem ein Junge sitzt, der angelt.

Katta hätte Aaron gern gefragt, welche Zahlen
das sind. Aber jetzt steht Frau Süß wieder
vorn und macht das Leisezeichen. Sie hält
eine Hand hoch und legt den Zeigefinger von
der anderen auf ihren Mund. Das bedeutet,
sie müssen leise sein und zuhören.

„Wir lernen einen neuen Buchstaben kennen",
sagt Frau Süß.

Aaron stöhnt.

„Es ist das große B und das kleine b", erklärt
Frau Süß.

Dann sagt sie verschiedene Wörter, und die Kinder überlegen, wo sie ein B hören. Klingt es am Anfang oder in der Mitte oder sogar am Ende des Wortes?

Frau Süß sagt „Buchstabe" und „Banane" und „Butter" und „Brot".

Sie sagt „albern", „Rabauke" und „Tuba" und „schreiben".

Sie sagt „Raub" und „taub" und „Laub" und „Staub".

Dann fallen den Kindern selbst auch noch Wörter mit B und b ein.

Katta sagt „Biene". Benjamin sagt „Benjamin", Rena sagt „Rabe". Mo ruft: „Ball!". Nick sagt: „Blablabla" und „Blubbblubblubb", was alle Kinder sehr lustig finden. Weil es deshalb in der Klasse laut wird, schaut Frau Süß ganz streng. Als es wieder leise ist, meldet sich Aaron. Er sagt: „Sieben", „Siebzehn", „Siebzig",

„Siebenhundert", „Siebentausend" und „Billionen".

Jetzt lacht auch Frau Süß. „Toll, Aaron. Du bist ja ein richtiger Zahlenexperte."

Katta meldet sich. Als die Lehrerin sie drannimmt, hält sie Aarons Heft hoch und sagt: „Das stimmt. Aaron kennt ganz viele Zahlen, und er kann sie auch schon schreiben." Am liebsten wäre sie aufgesprungen, um mit dem Heft durch die Klasse zu laufen und es herumzuzeigen. Aber Gespenster bleiben im Unterricht ja sitzen. Die Kinder staunen und machen trotzdem „Boah" und „Echt?" und „Toll!".

Aaron wird ganz rot vor Freude über das viele Lob. Und Frau Süß sagt: „Es ist sehr nett von dir, dass du deinen Mitschüler so lobst." Dann bittet die Lehrerin ihre Schülerinnen und Schüler in den Stuhlkreis. Als alle sitzen, nickt sie Katta zu. „Dann erzähl uns doch mal deine Geschichte!"

Katta hält ihr Arbeitsheft auf den Knien und räuspert sich.

Die ganze Klasse schaut sie erwartungsvoll an.

Katta beginnt: „Es war einmal ein großer Wal,

der hieß Wali. Er hatte ganz viele Freunde, die waren alle kleine Fische. Wenn die Fische Hunger hatten, schwamm Wali mit seinen Freunden durchs Meer und suchte Futter. Sie wollten immer Krebse und Muscheln essen, das war ihr Lieblingsessen. Aber sie konnten keine finden." Katta schaut von ihrem Heft auf, als hätte sie tatsächlich bis hierher gelesen.

Samir fragt: „Verhungern die Fische jetzt?"

Katta schüttelt den Kopf. „Nein, sie finden später noch was zu essen."

„Und wo?", will Mo wissen.

Katta überlegt. „Auf einer Insel", sagt sie. „und…"

„…warum schwimmt Wali mit den Fischen denn auf eine Insel?", wundert sich Lies. „Fische leben doch im Wasser."

„Sie stranden", erklärt Aaron. „Das passiert manchmal."

„Genau", ergänzt Karlo. „Das Wasser spült die Muscheln und Krebse an den Strand, und weil sie so hungrig sind, schwimmen Wali und die Fische hinterher."

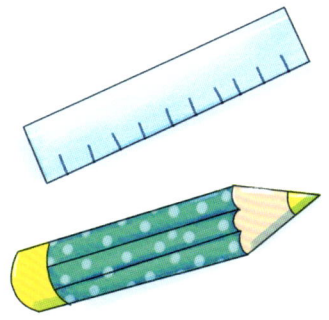

„Aber dann sterben sie doch", sagt Lies aufgeregt. „Fische können an Land gar nicht atmen."

Nick lässt sich auf den Boden fallen und zappelt wie ein erstickender Fisch. Frau Süß muss ihn mehrmals ermahnen, damit er sich wieder hinsetzt.

Sie sagt: „Die Gespensterklasse ist eine Klasse mit lauter tollen Experten. Ihr seid Fisch- und Muschelexperten. Aaron ist ein Zahlenexperte, und Katta ist vielleicht eine Geschichtenexpertin. Darf sie jetzt weitererzählen?"

Die Kinder nicken und verstummen.

Katta runzelt die Stirn. Wie soll sie denn jetzt fortfahren? Dass Fische an Land ersticken, gefällt ihr nicht: Auch wenn es manchmal passiert, soll das nicht in ihrer Geschichte vorkommen.

Da fallen ihr die Zahlen wieder ein, die Aaron geschrieben hat. Katta setzt sich auf und sagt: „Wali und die Fische schwimmen zu einer Insel. Und da gibt es einen Fluss. Es ist der Fluss der Zahlen." Sie überlegt, dann ergänzt sie: „Es ist der Fluss der Zahlenkrebse." Katta ist erleichtert über diesen guten Einfall. „Wali und die Fische müssen nur hindurchschwimmen und das Maul aufsperren. Dann schwimmen alle Zahlenkrebse hinein, und sie werden satt."

Stolz schaut Katta in die Runde.

Die Kinder kichern und klatschen.

Die Lehrerin lächelt. „Das ist eine sehr schöne Geschichte, Katta. Jetzt weiß ich es bestimmt: Du bist auf jeden Fall eine Geschichtenexpertin."

Als es klingelt, springen alle auf und laufen auf den Schulhof.

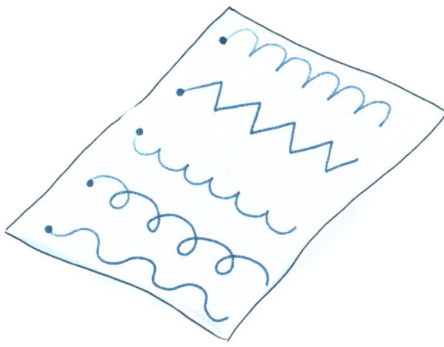

Wale und Eisbären
auf dem Schulhof

Auf dem Schulhof sagt Karlo zu Katta: „Komm, wir spielen. Du bist Wali. Und wir sind die kleinen Fische." Dabei zeigt er auf Ronja und Lies, dann läuft er voraus. Mit den Händen rudert er, als hätte er Flossen. Lies läuft neben ihm her. Sie macht den Mund auf und zu, als schnappe sie nach Luft.

„Was macht ihr?", will Nick wissen.

„Ich bin Wali", antwortet Katta ihm. „Und das

sind meine Freunde, die Fische." Sie zeigt auf
Karlo, Ronja und Lies.

Nick schaut die Kinder an und zieht eine Gri-
masse. „Fische sind doch blöd." Dann zieht er
Katta am Pferdeschwanz und rennt einfach
weiter.

„Aua!", schreit Katta. Aber so richtig weh hat
es eigentlich gar nicht getan. Gemein findet

sie es trotzdem. Sie beobachtet, wie Nick einen Ball in die Hecke schießt, der ihm vor die Füße rollt, und sich dann bei einem Kind, das zufällig seinen Weg kreuzt, darüber beschwert. „Bist du doof? Ich wäre fast hingefallen", brüllt er das Kind an.

Das stimmt doch gar nicht, wundert sich Katta.

„Ich bin auch ein Fisch", beschließt Mo und reißt Katta damit aus ihren Gedanken.

„Wir auch." Viola und Ruby halten sich an den Händen. „Und zwar Geschwisterfische."

Die Kinder aus der Gespensterklasse laufen kreuz und quer über den Schulhof. Sie blubbern und schwärmen um Wali herum, der hin und wieder zischende Geräusche macht, und zwar immer dann, wenn Wasser aus seinem Rücken schießt.

„Guckt mal", ruft Karlo plötzlich. „Da ist

die Insel." Er führt den Fischschwarm zum Sandkasten, der neben den Spielgeräten in der hinteren Ecke des Schulhofs liegt. Dort lässt er sich in den Sand fallen. „Und seht, es fließt auch der Fluss hindurch. Hier gibt es ganz viele Krebse und Muscheln." Die Kinder machen sich über die bunten Förmchen her und tun so, als ob sie sie essen. „Hm, wie lecker", findet Ruby.

Als eine Frau mit einem großen Hund an der Leine über den Schulhof geht, schreit Lies: „Taucht unter, da kommt ein Eisbär."

„Und die böse Walfängerin!", ergänzt Katta.

Karlo, Mo, Viola, Ruby, Ronja, Finja und Lies drängen sich mit Katta dicht zusammen und ziehen kichernd die Köpfe ein. „Hoffentlich sehen sie uns nicht", flüstert Viola.

„Der Eisbär will uns bestimmt fressen", jammert Ruby.

„Und die Walfängerin will mich garantiert fangen", vermutet Katta. Sie hebt vorsichtig den Kopf und lugt über den Rand des Sandkastens. Sie berichtet den anderen, was sie sieht: „Der Eisbär hat ganz lange scharfe Zähne. Und die Walfängerin hat ein Fernglas in der Hand."

„Achtung", sagt Mo, der neben Katta auf dem Bauch im Sand liegt. Ruby duckt sich schnell.

„Ich glaube, der Eisbär hat mich gesehen.
Sie kommen auf uns zu."

Die Kinder schauen sich ängstlich an.

Da klingelt es.

Die Pause ist zu Ende.

Katta wagt erneut einen Blick auf den Schulhof. „Sie gehen vorbei." Sie fällt zurück in den Sand und atmet erleichtert auf. „Puh. Das war knapp."

„Kommt, wir schwimmen schnell zurück in die Klasse", sagt Ruby. „Da sind wir in Sicherheit."

In der Klasse stürmt Katta gleich auf Frau Süß zu. „Wir waren auf der Insel mit dem Zahlenfluss, aber dann …"

Frau Süß legt Katta eine Hand auf die Schulter und sagt freundlich, aber bestimmt: „Das musst du mir später erzählen, Katta. Wir haben Besuch, schau mal, wer da ist."

Katta dreht sich um.

Oje. Da stehen die Walfängerin und der Eisbär in der Tür.

Katta huscht auf ihren Platz. Alle Kinder
schauen gebannt nach vorne zu der fremden
Frau mit dem Hund. Die Frau sieht jetzt gar
nicht mehr so gefährlich aus, denkt Katta.
Und der Hund ist sehr süß!

Die Frau hat glatte blonde Haare und lachende
blaue Augen. Außerdem guckt sie sehr freundlich, während sie mit Frau Süß spricht. Und
auch der Hund sieht ziemlich lieb aus. Er hat
glänzendes Fell mit ein paar Locken darin.
Seine Ohren hängen rund und weich an den
Seiten seines Kopfes herab; hin und wieder
zucken sie, aber seine braunen Augen ruhen
sanft auf den Kindern.

„Oh, ist der süß", sagt Aaron. Und das findet
Katta auch.

Nick und Fina
im Hundeglück

Die junge Frau kniet sich jetzt neben den Hund und flüstert ihm etwas ins Ohr. Dann macht sie ihn von der Leine los.

„Guten Tag", sagt die Frau. „Ich heiße Susanne Fuhrmann, und das ist Fina, der Schulhund."

Fina sitzt zuerst ruhig und aufmerksam neben Susanne, dann öffnet sie ihr Maul weit und gähnt.

Nick meldet sich. „Fina ist müde", sagt er.

Susanne schüttelt den Kopf. „Fina ist nur aufgeregt, sie gähnt, weil sie nervös ist."

„Was ist überhaupt ein Schulhund?", will Katta wissen.

Nick bellt. Die Kinder in der Gespensterklasse lachen laut los. Katta bemerkt, wie Finas Ohren zucken.

„Am besten setzen wir uns alle mit Fina und Frau Fuhrmann in den Stuhlkreis", schlägt Frau Süß vor. „Dann lernen wir einander kennen, und ihr könnt alle Fragen stellen, die ihr habt."

Im Gespräch erfahren die Kinder der Gespensterklasse, dass Susanne Fuhrmann eine Hundeführerin ist und dass sie jeden Donnerstag mit Fina in die Schule kommt. Dann besucht sie alle ersten Klassen. In jeder bleibt sie eine ganze Stunde. In dieser Stunde dürfen die Kinder Fina streicheln. Aber sie lernen

auch, sie zu füttern, und erfahren viel über
das Wesen von Hunden.

„Hast du den Hund dressiert?", erkundigt sich
Amaia.

Susanne überlegt. „So würde ich das nicht
nennen", antwortet sie. „Ich habe
ihn erzogen."

„So wie meine Eltern", sagt Amaia. „Die erziehen mich auch."

„Genau", sagt Susanne. „Wisst ihr, ich kenne Fina schon ganz lange. Ich habe sie aus dem Tierheim geholt, als sie ein kleines Baby war. Damals habe ich sie mit nach Hause genommen und ihr von Anfang an Regeln beigebracht, die sie braucht, um gut zurechtzukommen."

„Regeln?", fragt Mo.

„Na, zum Beispiel, keinen Müll zu essen."

„Iiiiih", schreit Nick und zeigt auf Fina. „Die ist ein Müllfresser!"

Susanne Fuhrmann fährt unbeirrt fort. „Fina hat als Baby auf der Straße gelebt. Sie musste sich ihr Fressen mühsam zusammensuchen, sonst wäre sie verhungert."

„Hat sie keine Mama?", fragt Lies.

„Doch bestimmt", sagt Susanne, „aber die konnte sich nicht genug um Fina kümmern."

„Jetzt fütterst du sie, oder?", fragt Ruby.

„Genau", stimmt Susanne zu.

„Macht Fina alles, was du sagst?", erkundigt sich Nick.

Wieder antwortet Suanne Fuhrmann nicht gleich. Sie überlegt.

„Sag ihr mal, sie soll Männchen machen", schlägt Nick vor und springt gleichzeitig auf.

Er tänzelt vor Fina hin und her, streckt dabei hechelnd die Zunge heraus und hebt seine Hände wie Tatzen in die Luft.

„Oder sag ihr, sie soll Pfötchen geben", verlangt Raphael. Er kniet vor Fina nieder und hält ihr seine Hand hin. „Gib Pfötchen, komm!"

Amaia, die neben Frau Fuhrmann sitzt, beugt sich zu Fina hinunter und ruft „Platz!" und „Sitz!".

Fina bleibt schwanzwedelnd vor Susanne Fuhrmann stehen und schaut nur sie an. Erst als die Hundeführerin den Zeigefinger hebt und dann Hand und Kopf gleichzeitig senkt, setzt sich Fina hin.

Nick lässt sich auf den Boden fallen. „Oh, das ist gemein. Auf dich hört sie. Auf mich nicht!"

„Du kannst es aber lernen", sagt Susanne zu Nick.

Als Nächstes fragt sie: „Wer möchte es denn mal versuchen? Ich helfe euch."

Als Lies sich meldet, bittet Frau Fuhrmann sie, zu ihr zu kommen. Dann erklärt sie ihr, was sie tun kann: „Stell dich rechts neben Fina und warte einen Augenblick. Denk fest daran, dass du möchtest, dass der Hund dir folgt. Wenn du bereit bist, gibst du Fina ein Zeichen. Du kannst sagen: ‚Komm!' oder ‚Auf!', oder du zeigst mit dem Finger dahin, wo Fina hingehen soll. Dann bleibst du stehen und gibst einen kurzen, aber sehr klaren Befehl, damit Fina sich setzt."

Die Kinder sind gespannt. Und beobachten fasziniert, wie Fina Lies ganz selbstverständlich folgt und sich an der Tür auf den Boden setzt.

Die Kinder klatschen, und Frau Fuhrmann lobt: „Das hast du sehr gut gemacht."

„War ja pippieinfach", sagt Nick.

„Jetzt ist die Stunde schon fast zu Ende", sagt Susanne Fuhrmann. „Sagst du den Kindern Auf Wiedersehen, Fina?" Sie steht auf und bedeutet ihrem Hund, neben ihr herzugehen. Susanne bleibt vor jedem Kind kurz stehen, und Fina lässt sich streicheln.

Als Frau Fuhrmann bei Nick ankommt, bleibt Fina wieder stehen. Aber diesmal hebt sie eine Pfote und legt sie dem Jungen aufs Bein. Frau

Fuhrmann hockt sich neben ihren Hund.

„Magst du das?", fragt sie Nick leise.

„Ja", beeilt Nick sich zu sagen.

Er zögert einen kurzen Augenblick. Dann streichelt er ganz sanft und behutsam Finas Pfote, die immer noch auf seinem Bein liegt. Fina öffnet den Mund. Jetzt sieht es so aus, als lächele sie. Da beugt sich Nick vor und schlingt seine Arme um Finas Hals. Er strahlt jetzt über das ganze Gesicht.

Frau Fuhrmann steht auf und wendet sich zum Gehen. „Also dann, ihr Lieben. Bis nächste Woche!", sagt sie.

Katta fragt: „Warum kann Fina nicht jeden Tag in unsere Klasse kommen? Eine Stunde ist viel zu kurz!"

„Nein", sagt Nick „das ist viel zu anstrengend für Fina. Die ganzen verschiedenen Stimmen und so."

Frau Fuhrmann nickt anerkennend. „Genau, Nick. Sehr gut. Mehr als zweimal eine Stunde ist für Fina viel zu anstrengend", erklärt die Hundeführerin. „Sie kann ja viel besser riechen und hören als wir. Und von den vielen Gerüchen und Eindrücken muss sie sich nach den Besuchen erst einmal erholen."

„Genau wie ich", sagt Nick. „Nach der Schule bin ich immer soooo müde."

Prompt reißt Fina das Maul weit auf und gähnt. In das Lachen der Kinder tönt die Schulglocke. Für heute ist die Schule aus.

Vor dem Tor steht Papa. Katta stürzt auf ihn zu. „Heute war Fina bei uns in der Schule. Zuerst habe ich gedacht, sie will Wali und die Fische fressen, aber Fina ist ein Schulhund, ein ganz lieber Schulhund! Sogar Nick hat ihn lieb."

„Ach so", lacht Papa. „Ist das die Fortsetzung von deiner Geschichte?"

Katta überlegt. „Nein, das ist eine ganz andere Geschichte. Und eine sehr schöne."

So eine Gemeinheit

Am nächsten Tag spielen die Kinder aus der Gespensterklasse in der Pause gemeinsam Fußball. Mo versteht sich sehr gut mit den Fußballjungen und -mädchen aus der Gespensterklasse. Beim Spielen muss er nicht viel sprechen, also ist Deutsch auf dem Fußballfeld nicht so wichtig. Viel wichtiger ist das Kicken. Und das kann Mo richtig gut.

„Hierher!", „Gib ab!" und „Toooor!" hat Mo schnell gelernt.

In jeder Pause läuft er mit dem Ball am Fuß über das große Spielfeld an der Turnhalle. Er dribbelt und tunnelt, passt und köpft und schießt vor allem viele Tore. Sehr viele Tore. Er schießt sogar mehr Tore als Oli aus der Käferklasse. Und der ist schon ein Vierti.

Mittags steht Katta hinter Mo in der Schlange vor der Essensausgabe. Sie betrachtet seine schwarzen Haare, die immer so schön glän-

zen, dass man am liebsten hinfassen möchte.

Gerade geht es in der Schlange wieder ein Stück weiter; aber weil Mo einen Tennisball zwischen seinen Füßen hin- und herschiebt und die ganze Zeit über nach unten schaut, bekommt er davon nichts mit.

Katta tippt Mo an, und als er sich zu ihr umdreht, zeigt sie nach vorn und erklärt: „Du kannst weitergehen.“

Mo schaut nach vorn, lacht und schließt, mit dem Tennisball auf der Schuhspitze hüpfend, zu seinem Vordermann auf. Katta kichert.

Mit ihren Tellern setzen sich die Kinder einander gegenüber und beginnen zu essen.

„In welche AG gehst du gleich?“, fragt Katta.

Mo versteht nicht.

„AG?“, sagt Katta.

„A – G“, wiederholt Mo.

„Ich habe Yoga gewählt. Da machen wir den

Baum." Katta steht auf. „Schau! So." Sie stellt sich auf ein Bein, schiebt den Fuß des anderen an der Innenseite ihres Standbeins hoch. Dann hebt sie die Arme und legt die Hände über dem Kopf zusammen. „Baum!", sagt Katta.

Über Mos Gesicht geht ein Strahlen. Er versteht und wiederholt. „Baum!" Dann zeigt er durchs Fenster nach draußen in den Schulhof. „Baum", sagt er noch einmal.

Katta klatscht in die Hände. „Genau. Bravo! Komm doch mal mit zu Yoga."

„Das geht leider nicht", sagt eine erwachsene Stimme. Sie gehört einem jungen Mann, der plötzlich neben ihnen steht. „Mo hat jetzt Deutsch-AG."

„Henri!", begrüßt Mo den jungen Mann freudig. Er steht auf, bringt seinen Teller schnell zum Geschirrwagen, winkt Katta und folgt Henri zu einem anderen Tisch. Dort holen sie zwei Mädchen ab, an weiteren drei Tischen noch insgesamt fünf andere Kinder.

Katta beobachtet, wie Oli und seine Freunde die Gruppe um Henri mit Blicken verfolgen und dabei tuscheln und kichern.

„Blödmänner", murmelt Katta. Sie geht aus der Mensa und hüpft über den Schulhof zur Turnhalle. Auf dem Boden liegen schon die bunten Matten. Es ist ganz still, weil man beim Yoga nicht sprechen darf. Das findet Katta schön. Das laute Geplapper der vielen Kinder und das Geklapper von Geschirr und Besteck in der Mensa dröhnt noch in ihren Ohren. Jutta, die Yogalehrerin, sitzt im Schneidersitz ganz vorn.

Sie sagt: „Stell dir vor, du liegst auf einer grünen Wiese. Sie ist ganz weich und warm. Atme nun tief ein und langsam wieder aus. Über dir ist der blaue Himmel. Betrachte die Wolken, die am Himmel vorüberziehen, und stell dir vor, die Wolken sind deine Gedanken. Sie kommen und ziehen vorüber." Katta wird von der Yoga-Übung ganz ruhig. Sie atmet tief und regelmäßig dreimal ein und dreimal aus.

Und dann sitzt plötzlich Pito auf ihrer Brust.
„Katta, nicht einschlafen", sagt er. „Ich muss
aufs Klo."

Katta schlägt die Augen auf und flüstert: „Ich
auch. Und zwar dringend."

Sie setzt sich auf. So leise wie möglich tapst sie
zur Lehrerin und fragt, ob sie zur Toilette
gehen darf. Die Lehrerin nickt.

Katta schlüpft durch die Tür. Schnell zieht sie
sich die Schuhe an, dann läuft sie über den

Schulhof zur Mädchentoilette. Pito ist jetzt nicht mehr zu sehen. Die Jungentoilette steht einen Türspalt offen. Im Vorbeigehen sieht Katta Oli und seine beiden Mitschüler vor den Spiegeln stehen.

Da läutet es zur Pause. Katta tut vor der Tür so, als müsse sie sich den Schuh neu binden. Oli und die beiden anderen Jungen gehen laut lachend an ihr vorbei, ohne sie zu bemerken: „Hahaha. Das wird ihm eine Lehre sein", sagt Oli. „Hahaha!"

Da kommt die Yogalehrerin vorbei. Verwundert schaut sie den Jungen nach. Dann entdeckt sie Katta. „Nanu, Katta. Wartest du hier auf jemanden?" Sie schaut in die Jungentoilette, vor der Katta steht.

Katta schüttelt den Kopf. Sie fühlt sich komisch. „Ich glaube, in der Toilette ist etwas passiert", sagt Katta.

Jutta geht in die Jungentoilette. „Hallo?", ruft sie. Sie öffnet nacheinander alle Kabinentüren. „Ist hier jemand?" Dann fragt sie: „Was ist das denn?"

Neugierig geworden schaut Katta durch die Tür. Sie erkennt das T-Shirt und die kurze Hose, die die Lehrerin über dem Waschbecken hochhält. Das Wasser tropft aus den Klamotten. Mo hat beides immer im Sportunterricht an. Und seine Turnschuhe und den Turnbeutel erkennt Katta auch. „Das sind die Sachen von Mo!", ruft sie.

Warum hängt der Beutel nicht vor der Gespensterklasse am Haken, sondern liegt im Waschbecken? Und warum sind die Turnsachen ganz nass? Waren das etwa Oli und seine Freunde? So eine Gemeinheit!

„Oh!", macht Katta. Sie hat ein ganz komisches Gefühl im Bauch.

„Waren das Oli und seine Freunde?", fragt Jutta. Katta nickt.

Die Lehrerin stopft Kleider und Schuhe zurück in den Turnbeutel. Als sie mit der triefenden Tasche aus der Toilette auf den Flur tritt, versichert sie: „Ich kümmere mich darum. Mach dir keine Sorgen."

Katta ist sehr erleichtert. Sie läuft auf den Schulhof, wo Lies und Fenja schon mit dem Springseil warten. Als die Schule aus ist, hat Katta die nassen Kleider von Mo schon vergessen, denn es sind noch so viele andere Sachen passiert. Lies ist hingefallen und hat sich das Knie aufgeschlagen, Nick hat sich übergeben und wurde von seiner Mutter abgeholt, und sie war als Erste aus der Gespensterklasse mit dem Rechnen fertig.

Morgen ist auch noch ein Schultag

Mama hat ihr schon drei Kapitel vorgelesen und will jetzt wirklich das Licht ausmachen. Aber da fällt Katta plötzlich die Geschichte von Mo und dem Turnbeutel wieder ein. „Mama!", sagt sie ganz aufgeregt, „du musst noch bei mir bleiben!"

„Nanu?", sagt Mama. „Willst du mir etwas erzählen?"

Katta nickt. Und dann erzählt sie alles, was

Oli und sein Freund gemacht haben, und wie gemein sie das findet und dass Gott sei Dank Jutta gekommen ist und sich um Mos Sachen und alles gekümmert hat.

Mama guckt ganz erschrocken. „Und dann?", fragt sie „Wie ist es weitergegangen?"

Katta stützt sich auf einen Ellbogen und erzählt ganz ausführlich. Am Ende kennt Mama die ganze Geschichte:

Die Kinder packten schon ihre Ranzen, als die Yogalehrerin Jutta noch einmal in die Klasse kam. Hinter ihr standen Oli, einer seiner Freunde und Henri, der die Deutsch-AG leitet. Jutta winkte Mo zu sich. Die Gespensterklasse nahm keine Notiz vom Geschehen, nur Katta ging neugierig näher. Sie sah, dass Oli Mos nassen Turnbeutel trug. Er sagte: „Wir haben deine Turnsachen nass gemacht." Und einer seiner

Freunde ergänzte mit gesenktem Kopf: „Das war blöd, Entschuldigung. Wir waschen alles und bringen es dir morgen wieder trocken mit.“ Oli hob den Kopf. In seinen Augen schwammen Tränen.

Mo schaute ihn lange an. Dann streckte er Oli seine Hand hin. „Afuann", sagte Mo auf Arabisch. Das erste ›a‹ war ganz lang und das zweite ›a‹ ganz kurz.

Henri erklärte für Oli und seinen Freund: „Afuann heißt Entschuldigung."

Oli war überrascht. „Warum entschuldigt Mo sich bei mir? Er hat doch gar nichts gemacht."

Henri sprach eine Weile mit Mo auf Arabisch. Dann teilte er mit, was Mo gesagt hat. „Mo entschuldigt sich dafür, dass er unhöflich war."

„Unhöflich?", fragte Olis Freund ungläubig.

„Ja", sagte Henri. „Mo hat euch noch nie gefragt, ob ihr in einer Mannschaft spielen wollt. Das war unhöflich. Es tut ihm leid." Verunsichert schaute Oli zu Jutta, aber Mo hielt ihn mit seinen lachenden Augen fest im Blick. Er wiederholte: „Afuann."

Katta sah, wie Jutta Oli anstupste. Endlich

nahm er Mos Hand, und dann legte auch Olis Freund seine Hand auf die der Jungen. Mo schüttelte sie, und alle sagten gleichzeitig: „Afuann!“

Mo grinste: „Oli, morgen Fußall? Eine Mannschaft?“

Oli strahlte. „Gute Idee", fand er. Dann drehte er sich zu seinen Freunden um. „Zusammen gewinnen wir jedes Spiel, wetten?"

Jutta beugte sich zu Katta hinunter und sagte: „Danke, dass du so aufmerksam warst. Das hast du sehr gut gemacht."

Mama drückt Katta einen Kuss auf die Stirn. „Das finde ich übrigens auch. Das hast du sehr gut gemacht."

Katta reibt sich die Augen. „Danke", sagt sie leise. Sie freut sich über Mamas Lob. „Aber warum sich Mo entschuldigt hat, das verstehe ich nicht. Und dann spielt er auch noch mit dem gemeinen Oli Fußball."

Mama überlegt. „Mo ist ein ganz schön kluger Junge", sagt sie dann. „Er weiß, wie man Frieden schließt."

Katta kuschelt sich in ihr Kissen und gähnt.

Sie würde gern noch länger mit Mama reden. Über alles Mögliche. Aber plötzlich ist sie so müde, dass ihr schon die Augen zufallen.

„Schlaf jetzt schön, mein liebes Schulkind", sagt Mama. „Morgen ist auch noch ein Tag." Sie macht die Nachttischlampe aus und geht zur Tür.

„Ein *Schul*tag", murmelt Katta, „morgen ist auch noch ein Schultag." Sie denkt an Pito. Was er wohl gerade macht? Dann kommen ihr alle ihre neuen Freunde in den Sinn. Morgen wird sie sie wiedersehen. Glücklich schläft Katta ein.

Barbara Zoschke wurde 1964 in Leverkusen geboren. Nach ihrem Studium in Köln, Siena und Clermont-Ferrand arbeitete sie zunächst einige Jahre als Redakteurin, bis sie 1995 damit begann, Kinderbücher zu schreiben. Außerdem ist sie Referentin für Kreatives Schreiben u. a. im Literaturhaus Bonn. Zudem engagiert sie sich seit vielen Jahren für die Leseförderung und Literaturvermittlung. Barbara Zoschke lebt und arbeitet in Köln.

Sabine Sauter lebt mit ihren zwei Töchtern, Ehemann und Hund in Süddeutschland. Ihre Leidenschaft für schöne Bücher und wundervolle Illustrationen nährte den Traum, eines Tages tatsächlich selbst Bücher zu illustrieren. Nach ihrem Abschluss in Grafikdesign konnte sie diesen Traum Wirklichkeit werden lassen. Wenn sie nicht illustriert, geht Sabine Sauter gerne joggen, schaut sich gruselige Filme an oder erfindet gemeinsam mit ihren lesebegeisterten Kindern fantastische Geschichten.